Wolfgang Tripp
Und ihr habt mich besucht
Ein Dank für heilsame Begegnungen

Heilsame Begegnungen »Besuchst du mich bald wieder?«

Sie war erleichtert, als die alte Nachbarin sich so von ihr verabschiedete. Denn es war ihr nicht wohl gewesen vor diesem Besuch, der längst überfällig war. Was sollte sie sagen? Welchen Trost konnte sie spenden? Und viel Zeit hatte sie auch nicht. Und jetzt war sie selbst die Beschenkte. Dieses Strahlen in den alten müden Augen. Dieses schwache und doch so warmherzige Händehalten.

Besuche haben immer etwas von geben und nehmen in sich, sie stiften Beziehung und lassen einen oft anders gehen, als man gekommen ist. Es ist nicht immer leicht, sich aufzumachen und einen anderen zu besuchen, sich einer fremden Situation auszusetzen. Und manchmal ist man froh, wenn die Besuchszeit zu Ende ist. Besuche sind Begegnungen, vom Ich zum Du und vom Du zum Ich. Sie schaffen Nähe und können Distanz hinterlassen. Wo sie mitmenschlich gemeint und von Herzen kommen, freudig oder bedrückt, da werden sie zum Sakrament, zur heilsamen Begegnung in der Spur Jesu.

Im Spiegel des Nächsten, des Du in der Schwester und im Bruder, schaut er uns an. Er überrascht uns mit seiner großen Rede vom Weltgericht, in der er sich mit denen identifiziert, die bedürftig sind. Er führt uns darin gleichzeitig vor Augen, wie sehr Menschen aufeinander verwiesen sind:

Ich war hungrig, ihr habt mir zu essen gegeben.
Ich war durstig, ihr habt mir zu trinken gegeben.
Ich war obdachlos, ihr habt mich aufgenommen.
Ich war nackt, ihr habt mich bekleidet.
Ich war im Gefängnis, ihr seid zu mir gekommen.
Ich war krank, ihr habt mich besucht.
(Matthäus 25,31–46)

Das ist der neue Gottesdienst, den Jesus stiftet und feiert. In der Zuwendung zum Nächsten, im Wahrnehmen seiner Bedürftigkeit und im geschwisterlichen Teilen dessen, was für sein Leben notwendig ist, erfüllt sich das einzige Gebot, auf das die Jüngerinnen und Jünger Jesu verpflichtet sind: Du sollst Gott lieben und deinen Nächsten wie dich selbst. Wo sich Menschen so begegnen, wird heil, was verwundet ist, steht auf, was niedergedrückt ist, kommt ins Leben, was vom Tod gezeichnet ist. Jesus, der Heiland, hat es vorgemacht: Wo er Menschen begegnet, werden sie geheilt, sehen sie wieder »Land«, betreten sie Heil-Land.

Und jetzt wird jede Begegnung, die im anderen den Menschen sieht und ihm Nähe, Trost, Aufmerksamkeit, Zeit, ein gutes Wort, eine aufmunternde Umarmung schenkt, zur heilsamen Begegnung.

Gib uns, Herr,
ein Stück Brot für den Tag:
Einen Menschen gib jedem,
der mit ihm isst.

Sag uns, Herr,
ein Wort für den Tag:
Einen Menschen gib jedem,
der mit ihm spricht.

Zeig uns, Herr,
einen Weg in das Morgen:
Einen Menschen gib jedem,
der mit ihm geht.
Eleonore Beck

»Alles wirkliche Leben ist Begegnung« Dieses

Wort des großen jüdischen Religionsphilosophen Martin
Buber gipfelt in der beglückenden Erfahrung: Am DU
gewinnt sich das ICH. Liebende Menschen werden diese
Erfahrung aus ganzem Herzen bestätigen, ebenso jene, die die
Begegnung mit einem Menschen suchen. In der Begegnung mit
dem Du kommen beide zum Leben: der, dem ich begegne, und ich
selbst, der ich auf meinem Lebensweg und in meiner Lebenssuche
bin. Von Mensch zu Mensch, von Herz zu Herz wird ein Lebensfa-
den geknüpft, der hilft, den anderen und sich selbst zu entdecken
und zu finden. Das macht die Freude über gelungene Begegnungen
aus. Das schenkt neue Hoffnung und ermutigt, wenn es manchmal
schwer fällt, den ersten Schritt auf den anderen hin zu wagen.
Elisabeth von Thüringen begegnet hungrigen Menschen, die
erwartungsvoll zu ihr aufschauen und hoffen, dass sie in ihrer Not
nicht leer ausgehen. Elisabeth, gehalten in Gottes Hand, in die ihr
Name eingeschrieben ist. In seinem Namen öffnet sie ihr Herz und
ihr Haus, lässt sie sich berühren und anrühren von denen, die doch
ihre Untertanen sind. Ihre Liebe, die wie die Glut eines Feuers in ihr

brennt, kann den Hunger vieler stillen: den Hunger nach Brot und nach Anerkennung, Freundschaft und Liebe. Die Landgräfin wird zur Mutter der Armen und zur Pflegerin der Kranken. Im Du findet sie sich, ihre Berufung, ihre Lebensaufgabe, ihre Sehnsucht nach Gott. Ihm will sie dienen. Und deshalb wird sie, wie Jesus, den Armen gleich. Sie herrscht über Menschen nicht von oben herab, sondern teilt ihr Leben mit denen, die am Rand des Lebens stehen. Wirkliches Leben ist Begegnung und Begegnung stiftet Leben. Elisabeth ist Weggefährtin aller, die sich auf den Weg machen, Menschen zu begegnen, damit sie wieder leben und aufatmen können.

Es tut gut,
Menschen zu finden,
die mit einem durch dick und dünn gehen
und die treu bleiben auch in dunklen Zeiten,
Menschen zu kennen,
die man braucht
und die einen brauchen,
Menschen zu haben,
die man liebt
und die einen lieb haben.
All das lässt ahnen,
was du, Gott,
schenken willst,
in Vollendung.
Bruno Griemens

Mitleid Darf ich dem anderen aus Mitleid begegnen? Kommt Mitleid nicht von oben herab? Und haben wir es nicht auch schon selbst erfahren, dass wir in einer schwierigen Situation alles brauchen können, nur kein Mitleid? Mitleid haben, das klingt so distanziert, so wie »Herzliche Anteilnahme« auf vorgedruckten Trauerkarten. Und doch entscheidet gerade die Anteilnahme darüber, ob das Mitleid echt oder nur eine oberflächliche Vertröstung ist. Viele fürchten dieses Mitleid. Wer ganz am Boden und am Ende ist, will nicht auch noch vom Bedauern der anderen tiefer niedergedrückt werden. »Bloß kein Mitleid«, diese abwehrende Reaktion derer, die trauern und leiden, drückt gleichzeitig eine Not aus und fragt: Wer meint es ehrlich mit mir? Wer teilt mit mir diese Situation, die mich bedrängt und belastet, in der ich nicht mehr ein und aus weiß? Mitleid meint Anteilnahme, in der das Teilen im Mittelpunkt steht. »Geteiltes Leid ist halbes Leid«, sagt das Sprichwort und meint: Ich verstehe dich, ich bin mit und bei dir, ich trage mit, so gut und so weit ich kann. Ich teile mit dir etwas von meiner Zeit. Ich will dir zuhören, dir meine Hand reichen, mit dir zusammen sein und, wenn es nicht anders geht, schweigen, weil auch ich nichts sagen kann. »Mit«-Leid – die Richtung ist angezeigt. Hier geht es um mehr als um interessiertes und neugieriges Zuschauen. Hier begibt sich einer mitten hinein in das, was dem anderen zu tragen aufgetragen ist. Das »mit« macht den anderen zu meinem Mit-Menschen, zeigt die mit-menschliche Haltung an, die den anderen aufrichten und stärken will. Mit-»leiden« verschließt die Augen nicht vor dem Leid und dem Leiden, der Ausweglosigkeit, der Einsamkeit und Niedergeschlagenheit. Auch Leid und Leiden sind menschlich. Unmenschlich wäre es, sie zu verdrängen oder zu verharmlosen.

Jesus und Simon von Cyrene – wer hält wen? Wer trägt wessen Kreuz und Last? Wer braucht wen am meisten? Das Leiden schweißt sie zusammen. Es ist nicht einfach beiseite geschoben. Das Kreuz bleibt schwer. Der Weg bleibt der Kreuzweg. Der es allein nicht tragen konnte, hat einen Mitträger gefunden. Dem es allein zu schwer geworden war, hat einen, der ihn aufrichtet. Der allein leiden musste, hat einen, der mit-leidet.

Heilsame Begegnungen sind tragfähige Momente mit-menschlicher Zuneigung. Und wer bräuchte nicht selbst immer wieder eine oder einen, die oder der mitträgt?

Heute besuche ich mich

 und es ist mal wieder höchste Zeit! Bei all den Besuchen der letzten Zeit war ich richtig »aushäusig«. Ich bin müde und ausgelaugt. So viele Gespräche, so vieles, was ich gesehen und gehört habe. Ich kann es gar nicht mehr aufnehmen. Immer habe ich in den vergangenen Wochen meine eigenen Wünsche und Bedürfnisse zurückgestellt. Mit Begeisterung habe ich mich auf den Weg zu den anderen gemacht. »Feuer und Flamme« war ich angesichts der vielen schönen Begegnungen. Und jetzt fühle ich mich ausgebrannt. Kein Wunder. Denn bei allem, was schön und bereichernd war, gab es auch Enttäuschung und Frustration, Kränkung und Undank. Ich wurde abgewiesen und missverstanden. »Wer sich einsetzt, der setzt sich aus« –

wie wahr das ist, habe ich erfahren. Manchmal fühlte ich mich alleingelassen und schon wollte ich alles hinwerfen. »Du sollst den Herrn, deinen Gott, lieben mit ganzem Herzen, mit ganzer Seele und mit all deinen Kräften und deinen Nächsten – wie dich selbst.« Das letzte habe ich vergessen. Aus dem Dreiklang mit seiner wunderbaren Melodie habe ich eine Stimme verstummen lassen. Die Stimme »wie dich selbst«. Ich war nicht mehr gut zu mir, habe mich vergessen, bin mir aus dem Weg gegangen. Deshalb besuche ich mich heute:

– Ich will leben, statt nur zu funktionieren,

– ich will mich schöpferisch pflegen, statt mich weiter pausenlos zu erschöpfen,

– ich will Zeit zu Stille und Schlaf finden,

– ich will mal wieder Zeit einplanen für geruhsames Essen und Trinken, für Gebet und Meditation, für meine Familie und meine Freundinnen und Freunde.

In letzter Zeit konnte ich mich selbst kaum leiden und habe gespürt, wie ich an anderen zunehmend leide. Ich habe mich, wie der heilige Franziskus es empfahl, als Werkzeug in den Dienst am Nächsten nehmen lassen. Und habe vergessen, dieses »Werkzeug« zu pflegen und es instand zu halten.

Ein wenig Angst habe ich vor diesem Besuch. Wen treffe ich an? Und wie treffe ich den an, den ich jetzt besuchen will? Wahrscheinlich wird es kein leichter Weg. Zuerst muss ich den richtigen Zugang finden in dieses Labyrinth meiner Gedanken, Stimmungen und Gefühle. Noch ist das Ziel nicht zu sehen. Einige Biegun-

gen, Schleifen und Wendungen muss ich hinter mich bringen. Gott sei Dank gibt es die Wegzeichen, »Rosenblätter«, die mir kleine Erfolgserlebnisse versprechen, wenn ich wieder einmal Halt gemacht habe, stiller und ruhiger geworden bin. »Alles wirkliche Leben ist Begegnung« – das gilt auch für mich. Für meine Begegnungen mit mir, mit dem, was mir Freude und Lust macht, was mich aufatmen und auftanken lässt. »Rose und Labyrinth« – könnte das nicht eine Ermutigung für mich sein, mich wieder einmal mir selbst zu gönnen, damit ich spüre, dass ich mich selber noch mag?

»Was willst du, dass ich dir tun soll?«

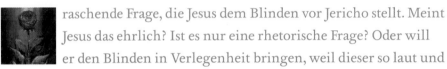

»Was willst du, dass ich dir tun soll?« Eine überraschende Frage, die Jesus dem Blinden vor Jericho stellt. Meint Jesus das ehrlich? Ist es nur eine rhetorische Frage? Oder will er den Blinden in Verlegenheit bringen, weil dieser so laut und erbärmlich schreit? Die Frage wurzelt in der Haltung, in der Jesus den Menschen begegnet ist. Sie kann auch uns in unseren Begegnungen entlasten und befreien. Viele haben den Anspruch, immer genau wissen zu müssen, was für die anderen das Richtige oder noch mehr, das Beste ist. Und damit überfordern sie sich. Und schaffen dazu noch eine Beziehungsebene, die einteilt in den Gebenden und Empfangenden, in den Besitzenden und Bedürftigen, in den Starken und den Schwachen. »Was willst du, das ich dir tun soll« rechnet mit der Stärke des anderen. Die Frage schafft eine partnerschaftliche Ausgangsbasis und ermöglicht dem Gegenüber, seine eigenen Wünsche und Bedürfnisse auszusprechen, um dann selbst zu entscheiden, wofür er Hilfe in Anspruch nehmen will. Jesus macht den Schwachen stark und bestärkt ihn in seinem Selbstbestimmtsein, an dem er durch seine Krankheit immer mehr Zweifel bekommen hat. Das Wunder in dieser heilsamen Begegnung beginnt dort, wo der Blinde in der Begegnung mit Jesus wieder an sich selbst glauben kann, wo er spürt, dass er nicht nur als »Fall«, als minderwertig, als schwächlich und unwert betrachtet wird. Er erfährt: Ich bin Mensch. Deshalb wird er gefragt: Was willst du, dass ich dir tun soll?

Richte dich auf,
denn Gott will dich heilen.

Richte dich auf zu deiner vollen Größe,
mach dich nicht kleiner,
und mach dich nicht größer, als du bist.

Richte dich auf,
denn Gott will zu dir stehen.

Stehe du zu dir, so wie du bist,
nicht wie die anderen dich wollen,
und nicht wie du gerne wärst.

Richte dich auf,
sei sehend,
Gott heilt dich.
Christiane Bundschuh-Schramm

»Was soll ich nur mitbringen?« Eine Frage, die sich

viele vor einem Besuch stellen. »Ich kann doch nicht mit lee-
ren Händen kommen!« Und dann wird es oft ein Verlegen-
heitsgeschenk. Es soll ja nicht zu groß, es darf aber auch nicht
zu klein sein. »Ich habe Ihnen eine Kleinigkeit mitgebracht.« –
»Ach, das wäre doch nicht nötig gewesen.« So oder ähnlich geht es
dann. Es bleibt ein zwiespältiges Gefühl zurück und vor allem die
Sorge: Was bringe ich dann das nächste Mal?

Ob Maria sich diese Frage auch gestellt hat, als sie sich auf den Weg zu
ihrer Cousine Elisabet machte? Die biblische Geschichte berichtet
nichts darüber und auch das Bild der Begegnung der beiden Frauen
zeigt nicht, dass Maria »etwas« mitgebracht hätte. Und doch können
wir ahnen, was Elisabet staunen ließ und sie mit so großer Freude
erfüllte, dass selbst das Kind in ihrem Leib sich regte und in ihr hüpf-
te. Maria bringt sich mit. Sie bringt ihre »gute Hoffnung« mit und
ihre stille, liebevolle Umarmung, die sagt: Ich bin da. Und Elisabet
spürt: Sie hat an mich gedacht, sie hat sich eigens für mich auf diesen
beschwerlichen Weg gemacht. Sie kommt zu mir und schaut, wie es
mir geht. Sie teilt ihre Zeit mit mir und steht mir zur Seite, jetzt, in
diesen beschwerlichen Tagen. Elisabet spürt: Es ist im wahrsten Sinne
des Wortes ein Segen für mich, dass es dich, Maria, dich Gesegnete
gibt mit deinem Kind, zu dem du Ja gesagt hast. Für die beiden wird
es so eine gesegnete Zeit, die sie miteinander verbringen und in der sie
miteinander und eine für die andere einstimmen in den Dank und in
den Lobpreis Gottes, von dem sie wissen, dass er ihnen ihr Leben und
das Leben ihrer Kinder gab. Sie werden sich manches zu erzählen

gehabt haben, von ihren Männern, von der Mühe der täglichen Arbeit, von dem, was die Leute über sie redeten, von den Sorgen und den Ängsten, ob mit den Kindern alles gut wird ...

Besuche sind immer zeitlich begrenzt. Maria ist nach drei Monaten wieder nach Hause gegangen. Unsere Besuche dauern manchmal nur eine halbe Stunde, manchmal etwas länger. Das ist nicht entscheidend. So wenig wie das, was man sich als Geschenk ausgedacht hat. Ein Besuch wird zum Segen und zum Geschenk dann, wenn eine den anderen spüren lässt: Ich bin jetzt für dich da.

Magnifikat
Meine Seele preist die Größe des Herrn
und mein Geist jubelt über Gott, meinen Retter.

Denn auf die Niedrigkeit seiner Magd hat er geschaut.
Siehe, von nun an preisen mich selig alle Geschlechter.

Denn der Mächtige hat Großes an mir getan,
und sein Name ist heilig.
Lukas 1,46–49

Die Besuche Jesu: aufmerksam – entschieden – eigensinnig

Die Besuche Jesu begannen immer damit, dass er Menschen sah und sie ansah. Er blieb bei ihnen stehen und hörte ihnen zu. Er ging nicht vorbei an den lauten und leisen Klagen der Menschen und er übersah gerade die nicht, die ganz weit hinten oder ganz weit unten waren. Er suchte

die, die sich nicht vorwagten oder die nicht in der ersten Reihe stehen durften. Jesus war aufmerksam, wo Menschen verachtet und missachtet wurden, weil sie krank oder leidend waren. Und er verschaffte denen wieder Ansehen, die aus der Gemeinschaft ausgeschlossen wurden. Jesus entschied sich für die Vergessenen und Verlorenen, für die Kleinen und die Kleingemachten, für die, die sich nicht mehr selbst helfen konnten und sich und ihrem Leben nicht mehr trauten. Entschieden wendete er sich denen zu, von denen andere sich längst abgewandt hatten und denen es manchmal so ging wie dem Gelähmten am Teich: »Ich habe keinen Menschen ...« Und wenn die Umstehenden auch tuscheln sollten, wenn sie vor Wut und Neid fast platzten, feuerrot im Gesicht, Jesus blieb eigensinnig: Der Geist, aus dem heraus er Menschen suchte und besuchte, war der Geist des Helfens und des Heilens, der Versöhnung und des Friedens. Jesus allein bestimmte, in wessen Haus er ging und mit wem er sich zu Tisch setzte, wen er berührte und wen er segnete. Das war seine Bestimmung: Ich bin gekommen, damit ihr das Leben habt und es in Fülle habt. Heillose Situationen wurden heil, wo Jesus, der Heiland, in die Mitte seiner und der anderen Aufmerksamkeit diejenigen stellte, die vergessen waren und übersehen wurden. »Die Werke, die ich tue, werdet ihr auch tun. Und ihr werdet größere tun.«
Diese Zusage und Zumutung gilt allen, die sich in der Spur Jesu entschieden haben, aufmerksam zu sein, wo Menschen einen Menschen brauchen, und die für andere zum Heil werden, indem diese spüren: Ich bin nicht von der Welt und von Gott verlassen, weil du bei mir bist.

aufmerksam

sehen und hören

wahrnehmen und fühlen

Acht geben erspüren

entschieden

eintreten und auftreten

sich einsetzen und aussetzen

reden und handeln

eigensinnig

in Gott verwurzelt

den Menschen nahe

dem Leben

in Liebe

verbunden